CATALOGUE

D'UNE TRÈS INTÉRESSANTE COLLECTION

DE TABLEAUX

ANCIENS ET MODERNES,

DES DIFFÉRENTES ÉCOLES,

Dont la Vente aura lieu

HOTEL DES VENTES MOBILIÈRES,

PLACE DE LA BOURSE, Nº 2,

Salle des Objets d'Arts, au premier,

Les Lundi 16 et Mardi 17 Mai, à midi,

Par le ministère de Mᵐˢ BONNEFONDS-DE-LA-VIALLE et TOURNAIRE, Commissaires-Priseurs, rue de Choiseul, nº 15,

Assistés de M. GÉRARD, Peintre-Appréciateur, rue du Sentier, 26.

———

EXPOSITION PUBLIQUE

Le Dimanche 15, de midi à 5 heures.

—

1836.

AVERTISSEMENT.

—

On a tant de fois abusé des mots de *Vente après Décès*, que nous n'avons pas cru nécessaire d'annoncer à Messieurs les Amateurs et Spéculateurs, qu'une partie de ces Tableaux provient d'héritages ; nous nous bornons à les inviter à venir prendre connaissance de notre Exposition, bien persuadé qu'ils y trouveront, en grand nombre, des Tableaux dignes, sous tous les rapports, d'attirer leur attention particulière.

CATALOGUE.

—

1 WOUVERMANS. L'Abreuvoir : Trois cavaliers, dont deux à cheval, se dirigent vers la rivière pour faire abreuver leurs chevaux; derrière eux, une femme tient son enfant dans ses bras : près d'elle, un autre enfant assis au pied d'un arbre ; plus loin, on aperçoit plusieurs pêcheurs à la ligne.

Ce paysage, librement touché, représente un effet du soir par un temps orageux ; on retrouve bien dans ce tableau, la correction de dessin et la couleur harmonieuse des ouvrages de ce savant peintre.

2 RUYSDAEL. Paysage : Sur la gauche, une rivière coule entre deux lisières d'arbres de différentes espèces ; le côté opposé offre à la vue une route qui paraît aboutir à une petite ferme entourée d'arbres. Il est impossible de trouver des masses mieux cadencées ni un feuillé écrit avec plus d'adresse. Nous con-

sidérons ce tableau comme une des belles productions de ce maître.

3 BOTH (André). Paysage : Le devant se compose d'une route traversant plusieurs collines, dont la droite est surmontée de rochers couronnés d'arbres; un muletier, conduisant deux mulets, et un voyageur occupent le premier plan; une plaine d'une immense étendue termine ce tableau où la couleur, l'effet et l'harmonie ne laissent rien à désirer.

4 POTTER (Paul). Deux bœufs et plusieurs moutons dans une prairie bordée par un rideau d'arbres de diverses espèces, au-dessus desquels on aperçoit un lointain montagneux. Tout, dans ce tableau, décèle la main d'un savant peintre; en effet, il est impossible de trouver un dessin plus correct, plus de science de pinceau et plus d'harmonie. Ce tableau a été vendu sous ce nom, en vente publique, en Hollande. Nous le soumettons au jugement impartial de messieurs les amateurs.

5 HALS (François). Deux jeunes cavaliers et deux dames faisant une collation. Composition touchée avec esprit, et rappelant bien les ouvrages de Palamèdes.

6 BRACKEMBURG. L'Enfant prodigue chez

les courtisanes. Il tient l'une d'elles sur ses genoux, et pendant qu'il rit avec elle, un jeune enfant lui vole ce qu'il a dans sa poche; cette scène se passe dans un intérieur flamand. Cette riche composition, où l'artiste a imité Jean Stéen et Ostade, peut être considérée comme l'un de ses chefs-d'œuvre.

7 STÉEN (Jean). Hommes et femmes autour d'une table, et se disposant à boire à la santé de l'un des convives.

8 KLAS MOLENAERT. Vue de Flandres : Sur le devant, est une rivière coulant au pied des murs d'une ville fortifiée; sur la gauche est une porte qui paraît fermer la première enceinte; des figures spirituellement touchées animent ce paysage très fin de ton et d'exécution.

9 BOUT et BAUDEWINS. Paysage : Riche composition ornée d'un grand nombre de figures.

10 VAN – DE – VELDE (Adrien). Un cavalier monté sur un cheval blanc; fond de paysage.

11 CORNEIL DUSART. Intérieur flamand : Une femme, tenant un flacon de liqueurdont elle paraît avoir déjà goûté, en offre un verre à un homme qui est derrière elle. Tableau très finement peint.

12 BRECKELIMCAMP. Concert flamand.

13 VAN-LOO. Une jeune femme à mi-corps, représentant la Peinture; elle est dans un costume négligé, la gorge découverte à moitié; tenant d'une main sa palette, et de l'autre un pinceau, et paraît réfléchir, ou contempler ce qu'elle a exécuté.

Jamais le pinceau de Greuse n'a rien produit de plus gracieux, et rien d'aussi bien dessiné.

14 — — Une autre femme, mais d'un caractère plus sévère, représente la sculpture et ses attributs.

Ces deux beaux tableaux, nous n'en doutons pas, seront appréciés de messieurs les amateurs.

15 VAN DYCK. Cléopâtre se faisant piquer par un aspic : figure admirablement peinte et dessinée ; il est aisé de reconnaître que ce bel ouvrage a été exécuté pendant le séjour que Van Dyck fit à Venise.

16 CANO (Alphonse). Saint Augustin écrivant ses poésies sous l'influence d'un rayon divin; devant lui est une sainte en contemplation; des anges sont près de lui et le servent. Expression, dessin, couleur, tout enfin concourt à la perfection de ce tableau.

17 PALAMÈDES et DEVRIS. Combat de cavaliers devant la lisière d'un bois.

18 PALAMÈDES. Choc de cavalerie.

19 KLOMP. Bœufs et moutons dans une prairie, non loin d'une habitation entourée de
beaux massifs d'arbres.

20 TENIERS (David). Un jeune écolier écrivant
à un bureau. Tableau librement peint.

21 CERCOISY (Michel). La Maîtresse d'école.

22 GOUASPRE. Grand Paysage, avec figures
par Annibal Carrache; sur le devant est re-
présentée la fuite en Egypte.

23 VERNET (J.) (ou son École). Grand Paysage;
sur le devant, coule une rivière, au pied des
ruines d'un temple. Le second plan est formé
par de beaux massifs d'arbres, surmontés de
collines sur l'une desquelles est la ville de
Frascati.

24 M. WATELET. Paysage : effet du soleil de
l'après midi.

Ce tableau, qui représente un site d'Italie,
a été exécuté à son retour de ce pays, et peut
être considéré comme un des bons ouvrages
de ce savant peintre.

25 DEMARNE. Sur une colline élevée et domi-

nant de belles campagnes, un villageois s'en-
tretient avec une bergère qui garde quelques
chèvres et brebis.

Il est impossible de mieux peindre et de
mettre plus d'harmonie que dans ce tableau,
qui soutiendrait la comparaison avec les
meilleurs ouvrages flamands en ce genre.

26 BEGYN. Trois vaches traversant une petite
rivière, conduites par un jeune pâtre.

27 MAAS (D.). Un cavalier conduisant deux
chevaux à l'abreuvoir. Un autre prend sur
son cheval un jeune enfant que lui donne
un paysan.

28 HERMANN (d'Italie). Paysage avec chute
d'eau sur le devant.
Tableau librement touché.

29 TITIEN (D'après le). Le Martyre d'un Saint.
Terrassé par un soldat, il implore le ciel.
Un autre religieux fuit.

Cette copie, très ancienne, pourrait bien
être de Rotenhamer.

3o BREUGLE (le vieux). Des Villageois se
divertissant à la porte d'une hôtellerie.

3i WENIX (J.-B.). Paysage avec figures et
animaux, d'un ton chaud et brosé, ayant

beaucoup de rapport avec les ouvrages de Cuyp.

3a VOGELZANG. Ce maître, plus connu en Hollande, et surtout en Angleterre, où il a travaillé long-temps, mérite d'être apprécié. Ses ouvrages ont beaucoup d'analogie avec ceux de Cuyp, ils sont peints avec une grande énergie et liberté de pinceau. Le paysage qui fait le sujet de cet article en fournira la preuve. Nous le recommandons à l'attention des amateurs.

33 GREUSE (J.-B.). Portrait ovale de jeune fille, vue de trois quarts, les épaules et le sein en partie découverts.

Ce joli échantillon d'un maître dont les ouvrages deviennent rares chaque jour davantage, ne manquera pas d'être apprécié, ainsi que sa petite dimension, qui ajoute encore à son mérite.

34 SASSOFERRATO. La Mère de douleurs.

Ce tableau, d'un des maîtres de la fameuse École Italienne, du nombre desquels les amateurs du beau admirent les ouvrages, se recommande par la bonne qualité de son faire, ainsi que par sa conservation, qui est une autre qualité essentielle à nos yeux.

35 TILBURG (Egidius Van). Scène d'intérieur.
Trois amis sont à table, occupés à boire et à
fumer. La maîtresse du logis leur apporte
un pot de bierre, et paraît être l'objet des
plaisanteries de l'un d'eux, qui lui applique
la main sur le ventre pour la complimenter,
sans doute, sur sa grossesse. Un cinquième
personnage, le mari de la femme, est vu
debout dans un cabinet contigu, et semble
écouter ce qui se passe.

Ce tableau, qui est tout crasse, est très
pur et susceptible de devenir très brillant.

36 VERBUIS. Un jeune homme et une jeune
fille, placés à une croisée, environnés d'in-
strumens de musique, de mathématiques,
etc., contemple avec délice le portrait de sa
maîtresse.

Composition gracieuse, tout-à-fait dans
le goût de Miéris.

37 SPERLING (Jean-Christian). Dans un riche
paysage, au pied de grands arbres sur les
branches desquels est placée une belle dra-
perie, Vénus, entourée de plusieurs femmes
et d'amours, est occupée à sa toilette.

Ce tableau, d'un grande suavité de couleur, est en tout digne du pinceau de cet
élève de Vanderverf.

38 LEPRINCE (Xavier , 1816). Charmant petit paysage que distinguent de jolis fonds et un ciel léger et brillant. Au centre une femme trait une vache ; un homme est debout près d'elle, et semble lui donner l'ordre de porter son lait à la ferme qui est là tout proche.

Le mérite de cette composition est incontestable.

39 TÉNIERS (Attribué à David). Intérieur où sont réunies huit personnes occupées à boire et à fumer. Une autre personne montre la tête de l'extérieur, par une petite fenêtre ; enfin, un chien couché par terre, est peint d'une manière si habile et si vraie, qu'on le croirait de la main de Téniers.

Le ton argentin de ce tableau, la transparence des fonds, ainsi que l'esprit avec lequel les figures sont touchées, pourraient bien militer en faveur de son originalité.

40 PYNAKER (Adam). Deux petits Paysages faisant pendans, avec de beaux massifs d'arbres sur le devant, et de jolis fonds.

Un ciel lumineux éclaire ces deux agréables compositions, ornées chacune de figures qui nous paraissent représenter deux épisodes de la *Jérusalem délivrée*.

41 LOIR (Nicolas). Paysage orné de belles figures représentant Pomone assise, appuyée
sur un autel et tenant une corne d'abon-
dance; elle est environnée de jeunes enfans
occupés des travaux de la vendange.

42 MERTENS (J.-F.-J.) Un Bouquet de fleurs
traité dans le goût de Van-Huisum.

43 VERSCHUURING (Henri). Vue extérieure
d'un palais de marbre, sur la gauche duquel
se voit une échappée de paysage embellie
par un jet d'eau.

Tableau d'un bel aspect, animé de quelques groupes de jolies figures.

44 DIETRICH (C.-E.-W.). Paysage de forme
ovale, traversé par un torrent, avec des fonds
très variés, un ciel brillant et des devans
traités dans le goût de Winantz. Quelques
figures animent cette composition.

45 TERBURG (École de). Intérieur. Une jeune
dame assise parle à son perroquet. Elle a
auprès d'elle un guéridon sur lequel est placé
un plat d'argent contenant des pêches; elle
saisit la plus belle pour régaler son interlo-
cuteur, qui s'apprête à la savourer. Une cru-
che et un verre à pied sont placés tout à
côté sur une table recouverte d'un tapis.

Cette production a tout le flou des ouvrages de Terburg.

46 ROSE (de Francfort). Riche Paysage au centre duquel est un pont. A droite est une masse de rochers d'où s'échappe une chute d'eau au pied desquels sont des figures et quelques animaux.

47 GIORDANE (Lucas). Betzabée sortant du bain, accompagnée de deux autres femmes qui viennent l'habiller.

Tableau d'un joli coloris.

48 SWEBACH (Père). Société se disposant à monter dans une calèche attelée de quatre chevaux.

Bon tableau de ce maître.

49 MAUPERCHÉ. Petit Paysage; effet de lune dans la manière de Claude.

50 VANDERNEER. Marine; effet de lune bien senti.

51 VERDUSSEN. Cavaliers et fantassins au camp.

52 KROOS. Paysage; vue de Hollande.

53 RUYSDAEL (Salomon). Marine ; mer agitée.

54 GOUASPRE. Petit Paysage.

55 VAN-BERGEN. Un taureau et quelques bestiaux dans un paysage.

Tableau très fin de ton et d'exécution.

56 M. BERRÉ. Vaches et moutons dans une
prairie.

Ce tableau peut être mis au nombre des
bons ouvrages de ce maître.

57 M. GASSIES. Petite Marine; vue prise en
Normandie, et ornée de figures.

58 CARLO DOLCI (École de). La Vierge, en
prière, les mains jointes, belle couleur et expression bien sentie.

59 GOUASPRE. Paysage : Sur le devant du tableau, au pied d'un grand arbre, est un
groupe de figures.

60 GIORGION. Psyché considérant l'Amour
endormi. Tableau très gracieux; effet de lu-
mière.

61 MOMERS. Un Marché aux poissons : sur le
devant, une marchande offre sa marchandise
à une dame qui parle à un jeune garçon.
Tableau bien peint et bien conservé.

62 MURILLO (ou son école). Un jeune Bacchus
se disposant à mordre à une grappe suspen-
due à la treille. Tableau bien dessiné et fer-
mement peint.

63 BRAUWER. Intérieur flamand : Quatre villageois réunis ; l'un d'eux lit une gazette, les
autres l'écoutent dans diverses attitudes. Tableau fin de ton, d'une bonne couleur, et
bien conservé.

64 SWEBACH. Des promeneurs chassés par la
pluie, viennent chercher un abri sous un
hangar. Riche composition où l'on voit plus
de six chevaux et un plus grand nombre de
figures.

65 VANDERNEER. Incendie d'un village pendant la nuit. Très bon et fin tableau de ce
maître.

66 ABSHOWEN. Paysage montueux avec diverses routes couvertes de voyageurs.

67 CERCOISY (Michel). Scène de carnaval dans
l'une des places de Venise. Composition gro-
tesque, bien peinte.

68 INCONNU. La Vierge tenant l'Enfant Jésus.

69 DESPORTES. Plusieurs Oiseaux vivans; fond
de paysage.

70 REMBRANDT (D'après). Tête d'homme à
barbe, coiffée d'une toque.

71 GUIDE (D'après le). La Madéleine ; ancienne copie.

72 VAN-BALEU. La Vierge et l'Enfant Jésus.

73 ÉCOLE D'ITALIE. Paysage ; effet de nuit.

74 COYPEL (A.). Jésus servi par les Anges.

75 DE MOORE (Carle). Portrait de Linnée dans son jardin de botanique.

76 ÉCOLE FRANÇAISE. Tableau de Fruits.

77 VALAYER-COSTER. Tableau de Fleurs.

78 VAN STAVEREN. Un Ermite dans une grotte.

Tableau très fin et d'une belle couleur.

79 M. CHALAMET. Une Dame brodant, assise près d'une fenêtre.

80 —— Une Dame appuyée sur le coude, et paraissant livrée à de tristes pensées ; son chien semble partager ses peines.

81 —— Intérieur ; scène de famille.

Tableau très fin de ton et d'exécution.

82 DUSART. Intérieur ; sur le devant, un homme regarde sa pipe, à ses pieds : sur le parquet est une bouteille, un verre et un violon ; plus loin un autre homme assis sur un baquet, tient une femme sur ses genoux. D'autres figures, des accessoires bien peints complètent cette composition.

83 M. DEMAY. La chasse aux lapins dans la
forêt de Fontainebleau ; effet du matin.

84 FONJA. Paysage ; riche composition, qui
rappèle entièrement les ouvrages de Mou-
cheron.

Ce tableau est signé.

85 KLENGEL. Troupeau de bestiaux arrêté
près d'une fontaine où quelques-uns se dé-
saltèrent : le conducteur parle à une femme
portant un paquet.

La facture de ce joli tableau rappelle tout-
à-fait la manière de Dietrich, maître de
l'auteur.

86 SWAGERS. Deux bœufs et une chèvre, gar-
dés par un petit pâtre.

Petit Paysage très fin, d'une belle couleur
et bien dessiné.

87 SNAVE. Très belle copie du tableau du
Musée, connu sous le nom de l'Estaminet
Flamand.

88 M. GÉRARD. Vue prise à Batigny, forêt de
Compiègne; ornée de figures par M. Demay.

89 BROCAS. Un Français achetant des femmes
grecques.

90 TANNEUR. Petite Marine, très fine de ton.

91 INCONNU. Vue de partie du Pont-Neuf et du quai de la Monnaie, prise d'une fenêtre.

92 Mlle LAJOIE. Deux jolis Paysages peints à l'huile, et fixés sur verre. Charmante composition très fine de ton et d'exécution.

93 — — Le Retour de la vendange et celui de la moisson; deux pendans.

94 HUE (père). Deux charmans Paysages : effets du matin et du soir.

95 FRAGONARD. Une femme à sa toilette; elle se trouve répétée dans une glace de deux côtés.

96 — — Une femme assise sur le pied de son lit.

Ces deux tableaux sont gracieux et bien peints.

97 INCONNU. La Servante coquette.

98 QUIRIN. Portrait en pied d'Alexandre Ier, empereur de Russie.

Gravure profondément incisée sur glace, et peinte ensuite.

Ouvrage très curieux.

99 CUYP (Genre de). Marine avec barque à la voile et figures sur la plage.

100 Les articles non catalogués seront vendus sous ce numéro.

En sus des adjudications, il sera payé 5 centimes par franc, applicables aux frais.

IMPRIMERIE DE MADAME DE LACOMBE, 1, FAUBOURG POISSONNIÈRE.